日本一の給食メシ

栄養満点3ステップ簡単レシピ100

松丸奨

光文社新書

はじめに

私は普段、公立小学校で栄養士をしています。栄養価たっぷりで、子どもたちが喜ぶ美味しいレシピを考える仕事です。

いつも頭の中は、給食のことでいっぱい。人生で一番大切なのは給食。周りからは「給食バカ」と呼ばれています。ちょっと変わった人間だと思われているからか、テレビや雑誌から取材されたり、フジテレビのドラマ（『Chef～三ツ星の給食～』）の監修指導をしたこともあります。そして、２０１３年に開催された「全国学校給食甲子園」で男性栄養士として初めて日本一の座に輝くこともできました。

子どもたちに食べることは楽しいことだと知ってほしいし、食べることを好きになってほしい。

成長や健康につながることはもちろんですが、食事の時間を楽しいと思ってほしい。

これが私のモットーです。

だからいつも人生をかけてレシピを作ってます。

その楽しさを、子どもたちだけではなく、より多くの人に知ってもらうことはできないか。これが本書を執筆しようと思ったきっかけです。

料理を作ってみたいという気持ちがあったとしても、忙しくて時間がない人、料理が得意じゃなくてもチャレンジしてみたい人、そういう方のために役立つレシピ本を書いてみたかったのです。

本書のカバーには揚げパン、ナポリタン、タコライスという3つの人気メニューを給食っぽく撮影しました。実際の給食でこのように主食ばかりを提供することはありませんが、本書に掲載しているレシピは、すべて実際の給食をアレンジしたものです。

大人気のレシピをアレンジしつつ、作りやすさを重視するために、全ての料理の工程は「3ステップ」でできるものにしぼりました。

忙しい人のために、所要時間（目安）も明記しました。どれもあっという間、簡単にできるので驚かれるかもしれません。

魚焼きグリル、電子レンジ、オーブントースターなどを活用し、徹底的に時短を追求。また、冷凍シーフードミックスなどのお手軽な食材も使って、とにかく簡単&美味しい作り方を考え抜きました。

そして、全100レシピを一挙に掲載。好き嫌いがある人も必ず食べたい料理、作りたい料理が見つかるはずです。

今、この本を手に取っていただいたあなたにも、給食の思い出があると思います。美味しかった思い出があるあなたへ、この本のレシピはもっともっと美味しいことを保証します。

食べるのがつらかった、という思い出をお持ちの方もいるかもしれません。でも、この本のレシピはあなたの思い出を払拭するような超・美味しいものばかりです。

まずは13ページからの「人気ベスト10」のレシピを見てみてください。懐かしの揚げパンから、「え、これが給食なの?」というようなピッツァやリゾットまで、食欲を刺激するものが並んでいます。そして、27ページからの「麺類のススメ」の章も開いてみてください。パスタからラーメン、焼きそばまで、簡単で美味しい麺類をたっぷり17品ご紹介しています。

見ているうちに、お腹が空いてきませんか？

ここにあるレシピは、そんなあなたが今日から作ることのできるものばかりです。繰り返します。

食べることは楽しい。

食事の時間は楽しい時間。

みなさんにそう感じてもらえる本が完成しました。

ぜひ今日からチャレンジしていただけると嬉しいです。

松丸　奨

【目次】

その1
子どもたちも、大人も「美味しい！」と唸った人気ベスト10　13

その2
激ウマ！　超簡単！　麺類のススメ　27

その3
給食が、絶品おつまみになる時代！　45

その4

日本人に生まれてよかった！ ご飯は正義！ 63

その5

給食も〝グローバル化〟が進んでます アジアンとエスニックも正義！ 75

その6

「とりあえず一品」「もう一品」に応えるための最速「混ぜるだけ」レシピ 81

その7
時短、簡単がやっぱりうれしい頼れるレンチンレシピ　89

その8
確実に作れる！　確実に美味い！簡単だけどおしゃれなスイーツ　95

その9

ご飯が進んで止まらない Theおかず 107

その10

ホクホク! パリパリ! やっぱり簡単! トースターを使った熱々メニュー 121

その11

冷凍庫に常備しておけば百人力! シーフードミックス徹底活用! 127

本書の使い方

1. 大さじ、小さじについて

- 大さじ１は15ml です。
- 小さじ１は５ml です。

2. 加熱時間について

- 家庭用のコンロ、ＩＨヒーターなどの機種によって、火力や出力が異なる場合があります。
- 加熱時間はあくまで目安です。火加減を確認しつつ、加熱時間を調節してください。
- 特に肉を扱う料理では、火の通りを実際に確認してください。

3. 所要時間について

- 各レシピに記載している所要時間は、私が実際に計ったものですが、あくまで目安として参考にしていただければと思います。

スタイリング／田中真紀子
デザイン／橋本千鶴
撮影（完成写真、カバー）／相澤琢磨（光文社写真室）
（工程写真）／石田純子（光文社写真室）

その1

子どもたちも、大人も「美味しい！」と唸った人気ベスト10

子どもたちにとって本当の人気メニューは、苦手だったのに美味しく食べられるメニュー。価値観を変えた記憶に残るレシピをご紹介！

みなさんにとって給食といえば、どんなメニューを思い出しますか？

カレー、ソフト麺、ハンバーグ、ミートソースなどいろんなメニューが思い出されるかと思います。

でも、本当に給食ならではのもの、給食だけでしか食べたことのないメニューはありませんか。

そう、揚げパンです。

パン屋さんでもなかなか見かけることはありませんし、自宅で作った経験をお持ちの方も少ないかと思います。

でも、この揚げパン、自宅で本当に簡単に作ることができるんです。

栄養士の私は、ある日、小学2年生の男の子から、

「先生、今日って揚げパンなの？　揚げパンもたれるんだよな～」と言われた経験があります。小学2年生でもたれるなんてオッサンかよとも思ったのですが（笑）、この言葉が、私に新しい視座を与えてくれました。

これが私のベスト揚げパンだ！

自分は本当にベストの揚げパンを提供していただろうか。

今までどおりのやり方で、子どもたちが満足してくれていると思い込んでいたのではないだろうか。

そこから私の修業の日々が始まりました。

自宅のキッチンに、メモ帳やペン、ストップウォッチ、そして大量のコッペパンを準備して、10秒ずつ時間を変えて揚げていく。そして、隣の鍋では、温度を5℃刻みで変えて揚げていく。

いつのまにか、我が家の狭いキッチンにはたくさんの揚げパンがいつも並ぶようになってしまったのです。

揚げ時間を長くすると焦げてしまう。温度が低いと油っぽくなる。ではベストバランスはどこか？

私の揚げパン観が一新されるような日々でした。

そんな油まみれの日々を過ごし、ようやく見出すことができたのが、今回ご紹介するレシピです。

コッペパンはなかなかパン屋さんでもお目にかかることは少ないため、Pascoの「超熟ロール」で代用できます。ベストの揚げ時間と温度も発見しました。そして一番のポイントは、きな粉だけではなく、さまざまな味付けで楽しんでみるということ。

写真を見てみてください。

本当にカラフルで、「これって本当に揚げパンなの？」と思われるかもしれません。

でも、これが今私がベストだと考える揚げパンなのです。

騙されたと思って、ぜひご自宅で試してみてください。

あの頃からさらにアップデートされた懐かしい味を楽しめることうけあいです！

世界一美味しい揚げパンの作り方

数え切れぬほど揚げ続けて完成した最強レシピ。
ポイントは温度と時間。必食のレシピ！

1
フライパンにサラダ油を入れて200℃に加熱し、パンを入れる。

2
菜箸で絶えずコロコロとパンを転がし、1分10秒揚げる。

3
砂糖ときな粉を混ぜ、揚げたてパンに絡ませて完成。

所要時間 3分

材料／2人分
コッペパン…2個
※本書ではPascoの「超熟ロール」を使用
サラダ油…適量
砂糖…大さじ2
きな粉…砂糖と同量

【きな粉の代わりにアレンジする場合】
ココア…砂糖と同量
ラズベリーパウダー…砂糖と同量
人参パウダー…砂糖と同量
抹茶パウダー…砂糖と同量
かぼちゃパウダー…砂糖と同量
紫いもパウダー…砂糖と同量

西京で最強のカポナータ

西京みそを使用したカポナータ。
誰もが野菜を好きになる渾身のレシピ!

所要時間 22分

1
ベーコンと鶏肉を食べやすい大きさに切る。なす、ズッキーニ、玉ねぎは乱切りにする。

2
1をラップをして電子レンジ600Wで1分加熱する。

3
鍋にオリーブオイルを熱して、2のベーコンを炒め、焼き色がついたら残りの材料を全て入れて、中火で20分煮込んで完成。

材料／2人分

- ベーコン…40g
- なす…1本
- ズッキーニ…1/2本
- 鶏肉切り身…2切れ
- 玉ねぎ…1/4個
- オリーブオイル…大さじ2
- カットトマト…1/2パック（200g）
- にんにくチューブ…1cm
- 西京みそ…大さじ2
- 塩こうじ…小さじ1

もろこしシューマイ

混ぜて簡単、しかもレンジで完成するお手軽さ。
シューマイは自宅で作る時代です！

1
シューマイの皮と水以外の全ての材料をボウルに入れてよく混ぜる。

2
1をシューマイの皮で包む。

3
耐熱皿に2のシューマイと水を入れ、ラップをして電子レンジ600Wで5分加熱して完成。

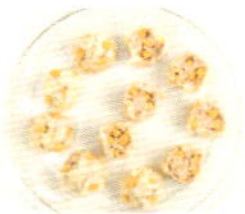

材料／2人分
シューマイの皮…16枚
ホールコーン…20g
豚ひき肉…100g
パン粉…20g
豆腐…1/4丁
塩こしょう…少々
ごま油…大さじ1
酒…大さじ1

水…100㎖

所要時間
8分

ししゃものエスニックバジル

意外ですか？　でも、絶妙な組み合わせ。頭からパクパク食べてみよう。

1
パプリカは細切りにしておく。

2
揚げ油を少なめにフライパンにひいて、ししゃもを揚げ焼きにする。

3
鍋に調味料と1を入れて煮立て、皿に盛り付けたししゃもの上にかける。バジルをのせたら完成。

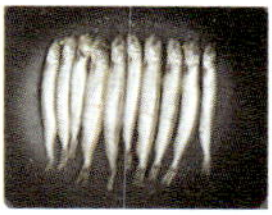

所要時間 3分

材料／2人分
ししゃも…10尾
揚げ油…適量
赤パプリカ…1/8個
黄パプリカ…1/8個
バジル…少々

【調味料】
ナンプラー…大さじ2
砂糖…大さじ2
酒…大さじ2

えびプリ春巻き棒餃子

中華料理店を巡り続けて完成した、外はパリパリ、中はプリプリ。クルクル包むだけの餃子です！

1
むきえびは流水で解凍しておく。白菜はみじん切りにして、適量の塩で軽くもんでおく。ボウルに春巻きの皮とサラダ油以外の材料を入れてよく混ぜる。

2
1を春巻きの皮で巻いて、巻き終わりの部分に水をつけて包む。

3
フライパンにサラダ油をひいて、春巻きを焼いて5分ほどで完成。

材料／2人分

冷凍むきえび…150g
春巻きの皮…4枚
白菜…外葉1枚
片栗粉…大さじ2
ごま油…小さじ2
酒…小さじ1
塩…少々
卵…1個
サラダ油…大さじ4

所要時間 7分

パルメザンチーズのトマトリゾット

何度も作って計算した酸味とコクのバランス。イタリアンレストランの味、自宅で再現しよう！

所要時間 3分

1
米は炊いておき、ソーセージを薄い輪切りにする。

2
耐熱容器にソーセージ、カットトマトと調味料を入れてラップをし、電子レンジ600Wで2分加熱する。

3
炊きたてのご飯と混ぜて完成。

材料／2人分

米…1合
ソーセージ…4本
カットトマト…
　1/2パック（200g）

【調味料】
ケチャップ…大さじ2
顆粒コンソメ…小さじ1
バター…大さじ1
粉チーズ…小さじ1

えびクリームライス

給食リクエストランキング上位の常連！
にんにくの香りの効いた焼かないお手軽ドリア。

1
米は炊いておく。フライパンを加熱し、オリーブオイルをひいてからにんにくとむきえびを炒める。

2
牛乳にバターと顆粒コンソメを入れたものを混ぜて1分煮る。

3
薄力粉をサラダ油で溶いたものを入れてとろみをつけ、ご飯にかけてパセリをのせたら完成。

材料／2人分

- 米…1合
- オリーブオイル…大さじ1
- にんにくチューブ…1cm
- 冷凍むきえび…180g
- 牛乳…200㎖
- バター…15g
- 顆粒コンソメ…小さじ1
- サラダ油…大さじ3
- 薄力粉…大さじ3
- パセリのみじん切り…少々

所要時間
3分

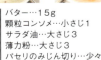

パインのゴルゴンゾーラピッツァ

ジューシー度最大級。思わず唸る美味しさ。ワインにも合うからパーティにもピッタリ！

1 ピザ生地にピザ用スライスチーズをのせる。

2 1の上にゴルゴンゾーラチーズを細かくちぎって満遍なくちらす。

3 カットしたパインをのせて、オーブントースターで焦げ目がつくまで焼けば完成。

所要時間 3分

材料／2人分

ピザ生地…1枚
ピザ用スライスチーズ…4枚
ゴルゴンゾーラチーズ…30g
パイン缶…2枚

梅カルボナーラうどん

たどり着いたのは牛乳×卵×梅の黄金バランス。止まらない美味しさの新感覚のうどんです。

1 水菜はざく切りにしておく。

2 鍋につゆの材料を混ぜて温め、卵を溶いて流し入れる。

3 1を入れてひと煮立ちさせたら、レンジで解凍したうどんにかけて、梅干しをのせて完成。

所要時間 3分

材料／2人分
水菜…1茎
卵…1個
冷凍うどん…2玉
梅干し…4個

【つゆ】
水…320㎖
牛乳…100㎖
麺つゆ（2倍濃縮）…大さじ3

沖縄タコライス

レタスのシャキシャキ感が楽しくて美味しい！
誰でも作れる間違いのない味をどうぞ。

1
米は炊いておく。サラダ油をひいたフライパンで豚ひき肉とにんにくを炒めて、ケチャップとソースで味付けする。

2
卵に砂糖とみりんを入れ混ぜて薄焼きにして、千切りにする。

3
トマトは薄い半月切りに、レタスとチーズは2と同じ細さに切る。皿にご飯を盛り付け、具を全てのせて完成。

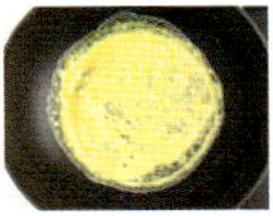

所要時間
5分

材料／2人分
米…1合
サラダ油…小さじ1
豚ひき肉…150g
にんにくチューブ…2cm
ケチャップ…大さじ1
中濃ソース…小さじ1
卵…1個
砂糖…小さじ1/2
みりん…小さじ1
トマト…1/2個
レタス…1枚
ピザ用スライスチーズ…1枚

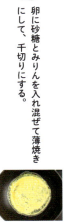

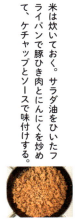

コラム①

出汁って超簡単なんです！

出汁はとても重要です。出汁が効いていると、少ない塩分でも味がしっかりと感じられて、より美味しく料理を作ることができます。

中でも簡単な作り方をご紹介します。夏に飲む麦茶ポットに、乾燥昆布を入れます。昆布の量は、水1リットルに対し、1枚（4×8cm）を目安に。あとはここに水、またはぬるま湯を入れるだけ。そして、冷蔵庫に一晩保管してください。

昆布に含まれるグルタミン酸によって、旨みたっぷり。これでみそ汁や煮物を作ると、コクが出て美味しくなります。冷蔵庫で1週間程度は持ちます。残った昆布は、煮魚を作るときに一緒に煮て食べてしまっても良いですし、細く切ってみそ汁の具にしても食べられます！

その2

激ウマ！　超簡単！

麺類のススメ

乾燥パスタも冷凍うどんも中華麺も、どれも保存が利くのが嬉しいところ。大人気の“麺”レシピをちょっと多めにご紹介します！

絶品ツナおろしパスタ

子どもたちから「家でも作って」の声多数！
パスタソースがなくてもすぐに作れます。

1
スパゲティを茹でておく。大根は皮をむいてすりおろす。

2
大葉は千切りにする。

3
フライパンを熱し、オリーブオイルを入れる。ツナと大根おろし、調味料を入れて、大根の辛みが甘みに変われば完成。スパゲティにかけて、最後に大葉と刻みのりをのせる。

材料／2人分
- スパゲティ…160g
- 大根…220g
- 大葉…2枚
- オリーブオイル…小さじ1
- ツナ缶…2缶
- 刻みのり…少々

【調味料】
- 醤油…大さじ1
- 砂糖…小さじ2
- 酢…小さじ1/2
- 塩…少々
- こしょう…少々

所要時間 5分
※茹で時間は含まない

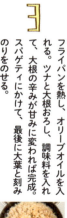

めんたい焼きうどん

バター醤油×明太子が超絶マッチング！
正直言って、とんでもなく美味しい一品です。

1
人参は細切り、玉ねぎはスライスする。キャベツは短冊切りにする。

2
フライパンを熱し、ごま油で1と豚肉を炒める。

3
ほぐした明太子とバターを入れ、レンジで解凍したうどんを入れ、調味料で味付けをしたら削り節をかけて完成。

所要時間 5分

材料／2人分

人参…1/6本
玉ねぎ…1/4個
キャベツ…2枚
豚こま切れ肉…70g
バター…大さじ1
明太子…2本（1腹）
冷凍うどん…2玉
ごま油…小さじ2
削り節…少々
【調味料】
醤油…小さじ1
オイスターソース…小さじ1

緑茶クリームスパゲティ

緑茶の香りで心落ち着くパスタです。
より手軽な緑茶パウダーで作ってみましょう。

1
フェットチーネ（普通のスパゲティでも可）は茹でておく。玉ねぎはスライス、人参は千切り、ベーコンは短冊切りにする。小松菜は茹でてから包丁で叩くようにみじん切りにする。

2
フライパンを熱し、油をひいてからベーコンと野菜を炒める。

3
水、牛乳、塩、緑茶パウダーを入れて味付けをする。薄力粉をオリーブオイルで溶いたものを加えてとろみをつけて、くし切りにしたミニトマトをちらして完成。

材料／2人分

- フェットチーネ…170g
- 玉ねぎ…1/3個
- 人参…1/4本
- ベーコン…1枚
- 小松菜…1株
- サラダ油…小さじ2
- 水…100㎖
- 牛乳…100㎖
- 塩…少々
- 緑茶パウダー（インスタント）…小さじ2
- 薄力粉…小さじ2
- オリーブオイル…小さじ1
- ミニトマト…4個

所要時間 8分

※茹で時間は含まない

絶品ナポリタン

ドラマ『Chef ～三ツ星の給食～』でも登場。
トマトの酸味を飛ばすのがポイント！

1
スパゲティは茹でておく。玉ねぎはスライス、人参は千切り、ベーコンは短冊切り、ウインナーは斜めにスライスする。

2
フライパンを熱し、オリーブオイルをひいてから1の具材を炒め、トマトと調味料を加えて、弱火で5分間煮る。

3
仕上げに30秒強火にしてかき混ぜながら酸味を飛ばし、あとはスパゲティと混ぜて完成。

所要時間
7分
※茹で時間は含まない

材料／2人分

スパゲティ…180g
玉ねぎ…1/2個
人参…1/6本
ベーコン…1枚
ウインナー…4本
オリーブオイル…小さじ2
カットトマト…1パック（400g）
【調味料】
ケチャップ…大さじ8
白ワイン…小さじ2
バター…5g

牛乳みそバターラーメン

青森県の知る人ぞ知るご当地グルメ「みそカレー牛乳ラーメン」をアレンジ。

1
鍋にスープの材料を入れて、温めておく。

2
鶏肉、もやしを加えて約5分しっかり火を通す。

3
中華麺を鍋に入れて、沸騰したら昆布を除いて完成。

所要時間 8分

材料／2人分
鶏こま切れ肉…100g
もやし…1/2パック
中華麺…2玉
【スープ】
牛乳…200㎖
水…200㎖
麺つゆ（2倍濃縮）…大さじ2
バター…大さじ1
乾燥昆布…1切れ
塩こうじ…小さじ2
みそ…小さじ1

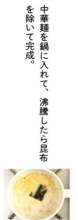

しじみビアンコスパゲティ

あさりに負けないダシが出る！
しじみの旨みたっぷりパスタ。

所要時間
8分

1
しじみは砂抜きしたものを準備しておく。

2
スパゲティを茹でる。玉ねぎはスライスしてフライパンに入れ、鶏肉とにんにくと一緒に炒める。

3
鶏肉に火が通ったらしじみと調味料を入れて蓋をして、しじみの口が開くまで加熱し、茹でたてのスパゲティを和えたら完成。

材料／2人分

砂抜き済みのしじみ
…1パック（150g）
スパゲティ…180g
玉ねぎ…1/4個
鶏こま切れ肉…100g
にんにくチューブ…1cm
【調味料】
水…50㎖
白ワイン…大さじ2
塩こうじ…小さじ2
麺つゆ（2倍濃縮）…小さじ2
塩…少々

冷麺風ひやむぎ

ひやむぎを使うことで冷麺をお手軽に。
茹で時間1分、快速美味しいレシピです。

1
きゅうりは千切り、カニカマはほぐしておく。ひやむぎは茹でて、冷水で冷やしておく。

2
タレの材料を混ぜる。

3
水気を切ったひやむぎを皿に盛り付け、1の野菜、半分に切った茹で卵、キムチをのせ、タレをかけて完成。

材料／2人分
きゅうり…1/2本
カニカマ…6本
ひやむぎ…2束（200g）
茹で卵…1個
キムチ…60g

【タレ】
水…300㎖
麺つゆ（2倍濃縮）…大さじ3
酢…大さじ1と小さじ2
砂糖…小さじ1

所要時間 3分

中落ちマグロとレタスのスパゲティ

マグロはアボカドと絡めれば最高の味に。給食だとマグロを煮て作ります。

1
スパゲティを茹でて冷水で冷やしておく。

2
アボカド、トマト、レタスを食べやすい大きさに切り、水気を切って皿に盛り付けたスパゲティの上にのせる。

3
中落ちマグロをのせて、調味料をかけたら完成。

所要時間
5分
※茹で時間は含まない

材料／2人分

スパゲティ…180g
アボカド…1/2個
トマト…1/2個
レタス…1枚
中落ちマグロ…80g

【調味料】
麺つゆ（2倍濃縮）…大さじ2
レモン汁…大さじ1
わさびチューブ…1cm

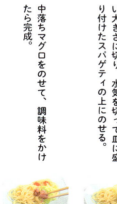

根菜ミートパスタ

レンコン、ごぼう、オリーブオイルは、お腹の調子も整えてくれる最強の三兄弟です。

1
フェットチーネ（普通のスパゲティでも可）を茹でておき、レンコンはスライス、ごぼうは千切りにする。

2
フライパンを熱し、オリーブオイルをひいて、レンコンとごぼう、牛ひき肉を炒める。

3
調味料を入れて味付けし、スパゲティと和えて完成。

材料／2人分

フェットチーネ…180g
レンコン…1節（80g）
ごぼう…1/4本
オリーブオイル…大さじ2
牛ひき肉…100g

【調味料】

ケチャップ…大さじ4
塩こうじ…大さじ1
醤油…小さじ1

所要時間
5分

※茹で時間は含まない

サラダあさりパスタ

さっぱりと食べやすいサラダパスタ、
あさりの旨みをプラスして本気パスタに！

1
玉ねぎはスライスする。あさりは電子レンジ600Wで2分加熱する。

2
スパゲティと玉ねぎを一緒に茹でる。

3
茹でたての2とあさり、調味料を和え皿に盛り付け、仕上げに千切りにした大葉をのせて完成。

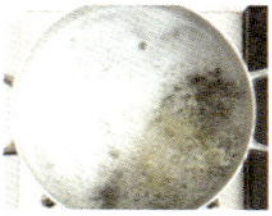

材料／2人分
スパゲティ…180g
玉ねぎ…1/4個
冷凍あさりむき身…100g
大葉…1枚

【調味料】
マヨネーズ…大さじ2
みりん…小さじ2
麺つゆ（2倍濃縮）…小さじ2
塩…少々

所要時間
4分
※茹で時間は含まない

生揚げカレー南蛮

煮込まなくても作れるカレー南蛮。
生揚げの風味が食欲をそそる！

1
白菜は短冊切り、サラダチキンは食べやすくほぐし、ねぎは斜めに切る。生揚げは拍子木に切る。

2
鍋に調味料と1の具材を入れて中火で3分煮る。

3
レンジで解凍して器に盛り付けたうどんにかけて完成。

材料／2人分

白菜…外葉1枚
サラダチキン
…1/2パック
ねぎ…1/3本
生揚げ…1個
冷凍うどん…2玉
【調味料】
水…350㎖
麺つゆ（2倍濃縮）…大さじ3
カレー粉…小さじ1

所要時間
5分

たらこクリームスパゲティ

たらこがあればできちゃう快速、簡単、美味しい、三拍子そろったパスタ！

1
たらこはほぐしておく。

2
スパゲティは茹でておく。

3
フライパンにソースの材料とたらこを入れ、ひと煮立ちさせたら、スパゲティと混ぜて完成。

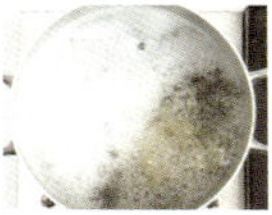

所要時間
6分
※茹で時間は含まない

材料／2人分
スパゲティ…180g
たらこ…1腹（2本）

【ソース】
牛乳…大さじ4
麺つゆ（2倍濃縮）
…小さじ1
塩こしょう…少々

しらす天津うどん

「白くて黄色い美味しいうどん」と子どもたちから大好評！
小魚、卵、緑黄色野菜のナイスバランスも魅力です。

所要時間 7分

1 玉ねぎはスライスして、さやいんげんは斜めに切っておく。

2 鍋につゆの材料、1を入れて煮る。

3 2に卵とみりんを混ぜたものを流し入れて、レンジで解凍して器に盛り付けたうどんにかける。しらすをのせて完成。

材料／2人分

玉ねぎ…1/4個
さやいんげん…2本
卵…2個
みりん…小さじ2
しらす…1パック（24g）
冷凍うどん…2玉
【つゆ】
水…300㎖
麺つゆ（2倍濃縮）…大さじ2

ザーサイスープそうめん

中国ではザーサイを、麺やおにぎりの具に使います。世界が認めた食材をぜひ！

所要時間 7分

1 人参は千切り、にらはざく切りにする。

2 鍋につゆの材料と野菜、ザーサイ、豚肉を入れて、中火で5分煮る。

3 器に盛った茹でたてのそうめんにかけて完成。

材料／2人分

人参…1/５本
にら…１束
ザーサイ（びん詰）…４０g
豚こま切れ肉…１００g
もやし…1/２パック
そうめん…４束
【つゆ】
水…３００mℓ
麺つゆ（２倍濃縮）…大さじ２

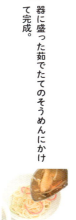

白ごまトロリそうめん

溶き卵ととろみのあるスープが美味しさの秘密。
シンプルなのに絶品！　新感覚のそうめんです。

1
鍋でつゆの材料を温め、白ごまと白すりごまを入れる。

2
水溶き片栗粉でとろみをつける。

3
溶き卵を流し入れて、茹でて器に盛ったそうめんにかければ完成。

所要時間
3分

材料／2人分

水溶き片栗粉…適量
そうめん…2束
白ごま…小さじ1
白すりごま…小さじ2
溶き卵…1個分

【つゆ】
水…400㎖
麺つゆ（2倍濃縮）…大さじ6

ねりダシタンメン

美味しいスープの秘密は、ちくわとさつま揚げというふたつの練り物。麺にしっかり染みてます。

所要時間 7分

1
ちくわは斜め切り、さつま揚げはスライス、キャベツと人参は短冊切りにする。

2
鍋にスープの材料を入れて温める。

3
中華麺以外の全ての食材を2に入れて中火で5分加熱する。昆布を引き上げて、茹でたての中華麺にかけて完成。

材料／2人分

焼きちくわ…1本
さつま揚げ…1枚
キャベツ…1/6個
人参…1/4本
もやし…1/2パック
豚こま切れ肉…100g
中華麺…2玉
【スープ】
水…400㎖
乾燥昆布…1切れ
塩こうじ…大さじ2
麺つゆ（2倍濃縮）…大さじ2

トマト焼きそば

はっきり言います。トマトはソースに合うんです！
不思議な組み合わせの進化系焼きそば。

1 トマトはさいの目切りにしておく。

2 カットトマトをフライパンで熱し、にんにくを入れて炒める。

3 1と焼きそば用麺を入れ、調味料で味付けをして完成。

材料／2人分

カットトマト
…1/2パック(200g)
にんにくチューブ…1cm
焼きそば用麺…2玉
トマト…1個

【調味料】
オイスターソース…大さじ2
中濃ソース…大さじ2
ケチャップ…大さじ2

所要時間 7分

その3

給食が、絶品おつまみになる時代！

新メニューを友人に試食してもらうことがあります。その時うれしいのが「これお酒にも合うよ」という声。大人のための給食をどうぞ！

スズキくんとワカメちゃんのヨーグルト焼き

所要時間 9分

鱸（スズキ）くんと若布（ワカメ）ちゃんが出会った。ヨーグルトで魚臭さもなくなりジューシーに！

1
スズキに、ヨーグルトと塩こうじを塗り込む。わかめは水で戻す。

2
スズキを魚焼きグリルで焦げ目がつくまで焼く。

3
焼きたてにわかめをまぶし完成。

材料／2人分
スズキ（白身魚）…2切れ
ヨーグルト（無糖）…大さじ4
塩こうじ…大さじ2
乾燥わかめ…小さじ1

サバヒージョ

サバ缶とアヒージョが合体！　美味しい油のハーモニーを楽しめる簡単おつまみです。

1
サバ、パプリカは一口大に、マッシュルームは4等分にカットして、ブロッコリー、シーフードミックスとともに鍋に入れる。

2
調味料を入れる。

3
中火で5分間加熱して、火が通ったら完成。

材料／2人分

- サバ缶…1缶
- 赤パプリカ…1／8個
- 黄パプリカ…1／8個
- マッシュルーム…4個
- ブロッコリー…4房
- 冷凍シーフードミックス…100g

【調味料】
- オリーブオイル…大さじ8
- 白ワイン…大さじ2
- にんにくチューブ…1cm
- 麺つゆ（2倍濃縮）…小さじ1
- 塩…少々

所要時間 8分

タラピー

タラ×ピーナッツ＝タラピー。
塗って焼くだけで本格フレンチの完成！

1 タラは魚焼きグリルでしっかりと焼いておく。

2 砕いたピーナッツとほぐしたたらこと溶いた卵黄を混ぜておく。

3 2をタラに塗り、焦げ目がつくまで魚焼きグリルで焼けば完成。

材料／2人分
- タラ…2切れ
- ピーナッツ…10粒
- たらこ…1/4腹
- 卵黄…1個分

所要時間 8分

鶏肉の梅チーズ大葉巻き

大葉の香りと梅の味がチーズにピッタリ合う!
サラダチキンを使うことでより簡単に。

所要時間 6分

1

サラダチキンは棒状にカットし、大葉は刻んでおく。

2

春巻きの皮を広げ、大葉、サラダチキン、梅肉、チーズの順にのせて醤油をかけて巻いて、巻き終わりの部分に水をつけて包む。

3

フライパンを熱し、ごま油をひいて2を入れて焼き、両面に焦げ目がつけば完成。

材料／2人分

サラダチキン…1パック
大葉…4枚
春巻きの皮…2枚
梅肉チューブ…大さじ1
ピザ用スライスチーズ
…4枚
醤油…大さじ1
ごま油…大さじ2

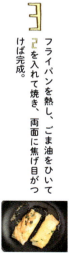

あさりとマッシュルームの酒&バター蒸し

蓋を開けた瞬間に、幸せの香りが溢れる！
あさりの酒蒸しがさらに進化しました。

所要時間 8分

1 マッシュルームは4等分にカットし、しめじはほぐしておく。

2 全ての材料をフライパンに入れる。

3 中火にかけ、蓋をして6分加熱し、あさりの口が開いていたら完成。

材料／2人分

- マッシュルーム…4個
- 砂抜き済みのあさり…1パック（150g）
- しめじ…1／2パック
- 塩…少々
- 水…50㎖
- 酒…大さじ1
- バター…大さじ1
- パセリ…適量（みじん切り）

うにもどき

正体はひよこ豆。おかずにもお酒のつまみにもピッタリ。栄養価的にも良い感じです！

1

ひよこ豆水煮、人参をみじん切りにしておく。

2

揚げ油以外の全ての材料をボウルに入れてよく混ぜる。

3

揚げ油を180℃に加熱して、おたまでたねを少量ずつ落とし入れて1～2分揚げる。

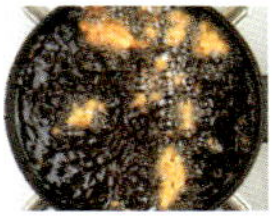

材料／2人分

- ひよこ豆水煮…100g
- 人参…1／2本
- にんにくチューブ…1cm
- 塩こしょう…少々
- 卵…1個
- 醤油…小さじ1
- 片栗粉…大さじ1
- 揚げ油…適量

所要時間 8分

油揚げの甘酢和え

切って煮るだけのやさしいレシピ。
植物性タンパク質が体にも優しい。

1

油揚げは短冊切りに、小松菜はざく切りにする。

2

調味料を鍋に入れて温める。

3

2に1と糸こんにゃくを入れて中火で5分煮たら完成。

材料／２人分

油揚げ…１枚
小松菜…４株
糸こんにゃく…1/ 2パック
【調味料】
酢…大さじ1
醤油…大さじ1
みりん…大さじ1
砂糖…小さじ2

所要時間
7分

トマトと卵の野菜煮込みカヴァルマ

トマトでよく煮込んだ野菜がお腹に染みる。ひと品で大満足な煮込み料理です。

1
玉ねぎはスライス、マッシュルームは4等分にカット、小松菜はざく切り、サラダチキンはスライスする。

2
耐熱のボウルに調味料とカットトマトを入れてよく混ぜる。

3
2のボウルに1を入れ、卵を真ん中に落とす。ラップをして電子レンジ600Wで4分加熱して完成。

所要時間 8分

材料／2人分
玉ねぎ…1/4個
マッシュルーム水煮…1パック
小松菜…1/2株
サラダチキン…1/2パック
カットトマト…1/2パック（200g）
卵…2個
【調味料】
オリーブオイル…大さじ1
塩こうじ…小さじ2
麺つゆ（2倍濃縮）…小さじ2

青のりポテトビーンズ

子どもたちが大好きな「ポテト」「揚げ物」「青のり」という三大要素を一つに集結！

1

じゃがいもは皮をむいてさいの目に切る。

2

じゃがいもと大豆に薄力粉と青のりで衣をつける。

3

180℃の油であげて、塩と、好みでさらに青のりをかけて完成。

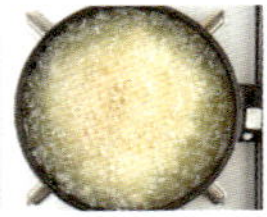

材料／2人分

じゃがいも…1個
大豆の水煮…80g
薄力粉…大さじ2
青のり…小さじ1/2
揚げ油…適量
塩…小さじ1/4

所要時間 5分

ちくわの石垣揚げ

そのままでおつまみによし、おかずにもよし、うどんに入れてもよし。揚げるだけのこれぞちくわ革命！

所要時間
3分

1
ちくわを食べやすい大きさにカットする。

2
ころもの材料を合わせて、ちくわにしっかり絡める。

3
180℃に熱した揚げ油で1～2分揚げて完成。

材料／2人分
ちくわ…2本
揚げ油…適量

【ころも】
薄力粉…大さじ4
水…適量
白ごま…小さじ1
黒ごま…小さじ1

鶏肉のこだわり南蛮ソース

大好きすぎる鶏肉、どうしたら美味しく焼けるのか?
研究してたどり着いた答えがこの南蛮ダレのレシピ。

所要時間 10分

1
ねぎはみじん切りにする。鶏肉は4等分に切って、酒をかけて下味をつける。

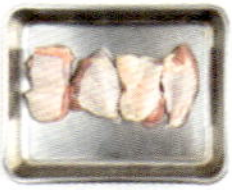

2
みじん切りにしたねぎと調味料を全てボウルに入れて混ぜておく。

3
フライパンにサラダ油をひいて、鶏肉を中火でしっかりと焼く。皮目を下にして、ひっくり返さないのがポイント。2を入れて沸騰させ、蓋をして1分。鶏肉に火が通れば完成。

材料／2人分
- ねぎ…1/10本
- 鶏もも肉…200g
- 酒…大さじ1
- サラダ油…大さじ1
- 【調味料】
- 醤油…大さじ1と小さじ1
- みりん…小さじ1
- 酒…小さじ1
- 砂糖…小さじ1
- 塩こうじ…小さじ1
- 酢…小さじ1
- タバスコ…少々

ポテサラ餃子

一度でいいから試してみてほしい幸せの味！
パリパリの皮にしっとりポテトがベストマッチ！

1
ポテトサラダはできあいのもので可。

2
餃子の皮にポテトサラダを包む。

3
サラダ油をひいたフライパンで焼いて焼き色がつけば完成。

所要時間 10分

材料／2人分
ポテトサラダ…150g
餃子の皮…15枚
サラダ油…大さじ4

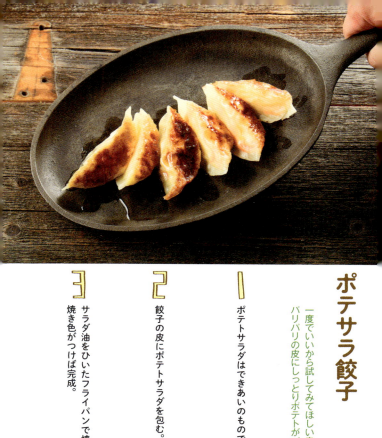

魅惑の鶏肉ショウガーリックステーキ

ぜひ生の生姜で作ってみてください！
ひと味違う香りが食欲をそそる絶品おつまみ。

所要時間 20分

1
鶏肉に塩こうじを塗って10分おいて下味をつける。

2
調味料は全て混ぜておく。

3
フライパンにごま油をひいて、鶏肉を皮目から入れて中火で7分焼く。2を入れて鶏肉を返しながら火を通せば完成。

材料／2人分

鶏もも肉…1枚（250g）
塩こうじ…小さじ2
ごま油…小さじ1
【調味料】
生姜チューブ…2cm
にんにくチューブ…2cm
醤油…大さじ1
酒…小さじ2
砂糖…小さじ1

サバ缶バーグ

ハンバーグを簡単に作りたい、そんな時はこれ。お酒にもピッタリの使えるレシピです。

1 ごま油以外の材料全てをよく混ぜる。

2 ハンバーグ形に成形する。

3 熱したフライパンにごま油をひいて、両面を焼けば完成。

材料／2人分

サバ缶…1缶
豆腐…1/6丁
パン粉…30g
生姜チューブ…1cm
みそ…小さじ2
片栗粉…大さじ1
ごま油…大さじ1

所要時間 8分

魚の開きの簡単蒲焼き

うなぎだけではもったいない！　蒲焼きダレで魚の美味しさを存分に楽しもう！

1 調味料を混ぜて、その中にアジを入れて5分おく。

2 フライパンに1を入れる。

3 中火で5〜8分煮詰めて完成。

所要時間 10分

材料／2人分

アジの開き…2枚
【調味料】
醤油…大さじ1
酒…大さじ1
みりん…大さじ1
砂糖…小さじ1

らっきょチーズ

まさかの組み合わせ。でも箸が止まらない。
らっきょうの酸味にチーズのコクが合う！

1
材料を準備しておく。

2
プロセスチーズを箸でつまみやすいように切る。

3
器にらっきょうと一緒に盛り付けて完成。

材料／2人分
甘酢らっきょう…1パック
プロセスチーズ…4個

所要時間 30秒

タンドリーチキン

インド料理ですが、塩こうじを入れると柔らかくジューシーに仕上がります！

1 調味料を混ぜておく。

2 保存袋などに鶏肉と1を入れて漬け込んでおく（10分～24時間）。漬け込む時間が長いほど柔らかくなる。

3 サラダ油をひいたフライパンを熱し、2を入れて中火で表面に焦げ目をつける。鶏肉を耐熱の皿に移しかえて、水を100㎖程度入れて、ラップをして電子レンジ600Wで3分加熱して完成。

所要時間 15分

材料／2人分
鶏手羽元…6本
サラダ油…大さじ1
【調味料】
ヨーグルト（無糖）
…大さじ2
ケチャップ…大さじ2
塩こうじ…小さじ2
にんにくチューブ…小さじ1
カレー粉…小さじ1
醤油…小さじ1
砂糖…小さじ1

その4

日本人に生まれてよかった！

ご飯は正義！

ご飯を本当にバクバク食べられるレシピです。学校で大人気のメニューを、本書のために改めてアレンジ。やっぱりお米は日本人の心です！

玉ねぎたっぷりキーマカレー

玉ねぎ大量消費&血液サラサラ効果。
市販のルウじゃなくてもこんなに美味しい！

1
玉ねぎと人参をみじん切りにして、ラップをし、電子レンジ600Wで2分加熱しておく。

2
調味料を混ぜておく。

3
フライパンに1とサラダ油を入れて炒め、合いびき肉を加えて火を通したら2を入れる。炊きたてご飯と一緒に皿に盛り付ける。

材料／2人分
玉ねぎ…2個
人参…1/8本
サラダ油…小さじ1
合いびき肉…100g

【調味料】
ケチャップ…大さじ1
中濃ソース…大さじ1
麺つゆ（2倍濃縮）…大さじ1
カレー粉…小さじ2

所要時間
6分

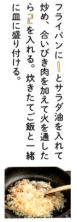

煮るだけ無水ベジタブルカレー

ルウも薄力粉も油も肉も使わない低カロリー、切って煮るだけの主婦のためのカレー。

1
調味料は全て混ぜておく。

2
玉ねぎはくし形切り、人参とじゃがいもは小さめの乱切りにする。

3
鍋に全ての材料を入れて、アルミホイルで落とし蓋をして、さらに鍋の蓋をして弱火～中火で15分煮て完成。炊きたてご飯と一緒に皿に盛り付ける。

所要時間 20分

【調味料】
カレー粉…大さじ2
砂糖…大さじ1
中濃ソース…大さじ1
麺つゆ（2倍濃縮）…大さじ1
ケチャップ…大さじ1
塩…少々

材料／2人分
玉ねぎ…1個
人参…1/2本
じゃがいも…1個
カットトマト
…1パック（400g）

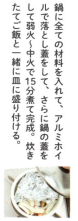

鶏ごぼうピラフ

鶏肉×ごぼう×バターの三位一体を味わえ！
これがごぼうの正しい使い方。

1
米は炊いておき、ごぼうは千切りにする。

2
フライパンにオリーブオイルをひいて鶏肉とごぼうを炒め、火が通ったら調味料を入れる。

3
炊きたてのご飯と混ぜて完成。

材料／２人分

米…１合
ごぼう…１/４本
オリーブオイル
…大さじ１
鶏こま切れ肉…１００g

【調味料】
塩こうじ…小さじ２
バター…小さじ１
塩こしょう…少々

所要時間
７分

辛くない キムチャーハン

辛くない秘密は卵とみりんとキムチをよーく絞ることにあり！

所要時間
7分

1
米は炊いておき、キムチはよく絞ってからみじん切りにする。

2
人参とねぎはみじん切りにする。

3
油をひいたフライパンでキムチ、2と豚ひき肉を炒める。調味料を入れ、ご飯を加えて炒め合わせる。卵を溶いて砂糖とみりんで甘めにしてからフライパンに入れ、ご飯と混ぜ合わせて完成。

材料／2人分

米…2合
白菜キムチ…40g
人参…1/4本
ねぎ…1/5本
サラダ油…大さじ1
豚ひき肉…60g
卵…2個
砂糖…大さじ1
みりん…小さじ1
【調味料】
醤油…小さじ1
オイスターソース…小さじ1
にんにくチューブ…1cm
生姜チューブ…1cm
塩…少々

プリプリえびきのこめし

口の中で食材が躍る！　炊いたご飯にあとから混ぜる簡単な作り方も魅力です。

所要時間 5分

1

米は炊いておく。人参は千切りにして、熱したフライパンにサラダ油をひいて炒める。

2

ほぐしたしめじとえびを入れて炒め、調味料で味付けをする。

3

炊きたてのご飯と混ぜて、刻んだ小ねぎと白ごまをふって完成。

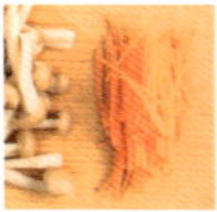

材料／2人分

米…2合
人参…1/6本
サラダ油…小さじ2
しめじ…1/2パック
冷凍むきえび…250g
小ねぎ…少々
白ごま…小さじ1
【調味料】
醤油…大さじ1
砂糖…小さじ1
塩昆布…4g

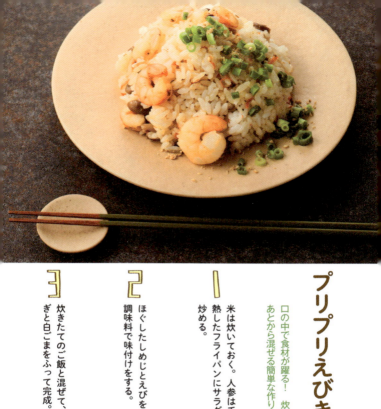

サラダチキンの絶品ジーローファン

台湾の夜市の屋台メシを給食で再現しました。ご飯のおかわりが止まらない！

1
米は炊いておき、サラダチキンは細かくほぐしておく。ねぎはみじん切りにする。

2
調味料は混ぜておく。

3
米以外の全ての材料を鍋に入れて煮込む。炊きたてのご飯の上にのせれば完成。

所要時間 8分

材料／2人分

米…2合
サラダチキン…1パック
ねぎ…1かけ
【調味料】
ごま油…小さじ2
酒…小さじ2
生姜チューブ…2cm
にんにくチューブ…2cm
麺つゆ（2倍濃縮）…小さじ1

他人でも仲良しな他人丼

レンチンですぐにできるお手軽丼。
卵を2回に分けて加えることがふわとろの秘密です。

1
米は炊いておき、玉ねぎとねぎはスライスしておく。卵は溶いておく。

2
半分の量の卵、玉ねぎ、ねぎ、豚肉、水と調味料を耐熱のボウルに入れて混ぜ、ラップをする。

3
電子レンジ600Wで2分加熱して、一度ラップを外し、残りの溶いた卵を流し入れて再度ラップしたら再びレンジで2分加熱して完成。ご飯にのせて、仕上げにみつばを飾る。

所要時間 5分

材料／2人分
米…1合
玉ねぎ…1/4個
ねぎ…1/5本
豚こま切れ肉…200g
卵…2個
水…100mℓ
みつば…適量
【調味料】
麺つゆ（2倍濃縮）…大さじ2
みりん…小さじ1

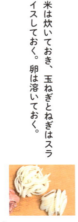

おさつご飯

たったこれだけでこんなに美味しくなるの？　そうなんです。食物繊維もとれておすすめ！

1
米は炊いておき、さつまいもは角切りにしておく。

2
さつまいもを耐熱のボウルに入れ、調味料を入れてラップをし、電子レンジ600Wで4分加熱する。

3
炊きたてのご飯と混ぜて完成。

所要時間 5分

材料／2人分
米…1合
さつまいも…1/2本
【調味料】
みりん…大さじ1
酒…小さじ2
醤油…小さじ2
砂糖…小さじ1/2
塩…少々

かぶめし

シンプル・イズ・ベスト！　意外な人気メニュー。ご飯とかぶは相性抜群。

1　米は炊いておく。かぶは皮をむいて角切りにして、葉はみじん切りにする。

2　鍋に調味料、かぶ、葉を入れて中火で1〜2分サッと煮る。

3　汁気が飛んだら炊きたてのご飯と混ぜて完成。

材料／2人分
米…1合
かぶ…2個
かぶの葉…少々
【調味料】
醤油…大さじ1
酒…小さじ2
砂糖…小さじ1
麺つゆ（2倍濃縮）…小さじ1
ごま油…小さじ1

所要時間 3分

しめじリゾット

しめじなくして、この味は絶対出せぬ！
きのこの旨みをフルに活かした鉄板レシピ。

所要時間 5分

1 米は炊いておく。ベーコンは食べやすい大きさに切り、しめじはほぐす。

2 ベーコンとしめじをフライパンで炒める。

3 牛乳を加え、煮立ったら調味料で味付けをして、炊きたてのご飯と混ぜて完成。

材料／2人分
- 米…1合
- ベーコン…1枚
- しめじ…1/2パック
- 牛乳…100㎖

【調味料】
- 粉チーズ…大さじ2
- バター…小さじ2
- 塩こうじ…小さじ1
- 麺つゆ（2倍濃縮）…小さじ1

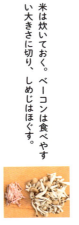

コラム②

麺つゆは自作するともっと美味しい！

今回のレシピにたびたび登場している麺つゆ。家庭ではとても便利な調味料ですが、学校では実はまったく使っていません。
調味料は基本的なものだけで、あとは全て手作りしているからです。市販の麺つゆは家庭用で便利ですが、“ひと手間かけた手作り麺つゆ”は最高に美味しい！

今回はその本格的なレシピ（2倍濃縮）をご紹介いたしましょう。

用意するものは、
「水大さじ6、醤油大さじ6、酒大さじ3、みりん大さじ2、砂糖大さじ1、乾燥昆布4×2cm、かつお削りぶし1パック（4g）」。

全ての材料を鍋に入れて、焦げないように弱火〜中火で1分間煮ます。火を止めて、そのまま一晩寝かせると完成。

意外と簡単。そしてなにより美味しいです。肉じゃが、けんちん汁、おひたしにかけてもOK。

その5

給食も〝グローバル化〟が進んでます
アジアンとエスニックも正義！

最近、子どもたちに人気なのがエスニック。独特の匂いや味は、「辛み」と「ナンプラー」を調整することでお好みの味に近づけられます。

牛肉とレンコンのナンプラー炒め

大皿でも小鉢でもご飯にかけてもOK!
超絶簡単なエスニックメニューをどうぞ。

1 レンコンは縦半分にしてスライスする。にらはざく切り、もやしはよく洗う。

2 調味料は混ぜておく。

3 フライパンを熱して、ごま油をひいてから牛肉と1の野菜を炒めて、2で味付けをして完成。

材料/2人分

レンコン…1/4節(20g)
にら…1/3束
もやし…1/2パック
牛こま切れ肉…200g
ごま油…大さじ1

【調味料】
ナンプラー…小さじ1
砂糖…小さじ1/2

所要時間 5分

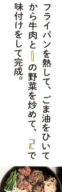

えびパン

タイのカノムパンナークンというパンを気軽に自宅で作れるようにアレンジしました。

所要時間
8分

1
はんぺん、桜えび、ねぎ、ナンプラー、塩、片栗粉、白ごま、砂糖、卵をミキサーにかけてなめらかにする。

2
1を食パンに塗る。

3
揚げ油をひいたフライパンを加熱し、2を揚げ焼きにする。食べやすく切って仕上げにパクチーとチリソースを添えて完成。

材料／2人分

はんぺん…1/２枚
桜えび…大さじ4
ねぎ…2cm
ナンプラー…小さじ1
塩…少々
片栗粉…小さじ1
白ごま…小さじ1
砂糖…小さじ1
卵…1個分
食パン（8枚切り）…２枚
揚げ油…適量
パクチー…適量
チリソース…お好みで

プーパッポンスパゲティ

カニとカレーを卵でとじる！
給食で本場の味を目指しました。

所要時間
5分
※茹で時間は含まない

1 スパゲティを茹でておき、玉ねぎとセロリとパプリカはスライスする。カニカマは手で裂いておく。卵は溶いておく。

2 鍋に野菜とカニカマとソースの材料を入れて温める。

3 野菜に火が通ったら水溶き片栗粉でとろみをつけ、溶いた卵を入れる。スパゲティにかけて完成。

材料／2人分

スパゲティ…180g
玉ねぎ…1/4個
セロリ…1/8本
赤パプリカ…1/3個
カニカマ…120g
卵…2個
水溶き片栗粉…適量
【ソース】
水…100㎖
牛乳…50㎖
塩こうじ…小さじ2
砂糖…小さじ1
カレー粉…小さじ1/2
塩…少々

パッタイ風焼きそば

タイの焼きそば。米粉麺じゃなくても十分美味しく現地の味を再現できます。

1 にらは5センチほどの長さに切っておく。

2 フライパンを熱し、ごま油をひき、豚肉ともやしと桜えびを入れて豚肉に火が通るまで炒める。

3 にらを入れて炒めたら、焼きそば用麺と調味料を入れて炒める。皿に盛り付けて完成。お好みでパクチーをどうぞ。

材料／2人分

にら…10g
ごま油…小さじ1
豚こま切れ肉…100g
もやし…1/2パック
桜えび…大さじ1
焼きそば用麺…2玉
【調味料】
ナンプラー…大さじ2
塩こうじ…小さじ1

所要時間 5分

コラム③

フライパンは1年で使い切る

フライパンは消耗品と思ってください。

「え、そんな！　もったいない！」

という気持ちもわかります。

でも、お店に数多く並ぶフライパンの中から私が選ぶのは、1500～2000円くらいのもの。

実は今のフライパンはどれをチョイスしても高性能なんです。

ほとんどのものにテフロン加工などの焦げ付き防止加工がなされています。しかし、その焦げ付き防止加工、どんな丁寧に使ったとしても、だんだんと効果がなくなってくるんです。

ならば高いものよりも、安いものをどんどん使いまわす方が、より良い状態のフライパンを使うことができるというわけです。

私のオススメは、カインズホームの「ストーンマーブルフライパン」です。安くて軽くて焦げ付かない。直径20cmで1980円なり！

その6

「とりあえず一品」「もう一品」に応えるための

最速「混ぜるだけ」レシピ

「あと一品ほしい」「でも手早く作りたい」。そんな時に頼れる最速レシピ。混ぜるだけなのに、華やかな「もう一品」をご紹介します。

ご飯のお供、しゃけみそあえ

ご飯に合う！　お酒に合う！
豆皿でサッと出したらおしゃれな箸休めに！

1 鮭は焼き、大葉は千切りにしておく。

2 皮を取り除いた鮭をフォークを使ってほぐす。

3 大葉と2と調味料を混ぜて完成。

材料／2人分

生鮭…1切れ
大葉…2枚
【調味料】
酒…大さじ1
白ごま…小さじ2
みそ…小さじ1と1／2

所要時間 5分

ブルガリアスネジャンカサラダ

野菜をバクバク食べたくなるクリーミーな味わいをおしゃれな盛り付けで楽しんで！

1
きゅうりは千切り、レタスは細切り、ミニトマトは半分に切る。

2
ヨーグルト、潰したアボカド、みじん切りにした人参、調味料を混ぜ合わせる。

3
器に盛り付けた1に2をのせて完成。

所要時間 4分

材料／2人分

きゅうり…1/2本
レタス…2枚
ミニトマト…2〜3個
ヨーグルト（無糖）…50g
アボカド…1/2個
人参…1/7本
【調味料】
オリーブオイル…小さじ1
にんにくチューブ…1cm
塩こしょう…少々

キムムッチ on キャベツ

キムムッチ（韓国ふりかけ）を混ぜることでキャベツの甘さを再認識できます。

1 キャベツは短冊切りにし、ラップをして電子レンジ600Wで50秒加熱する。

2 のりは手でちぎっておく。

3 2と1を混ぜて、白ごまと調味料を加えて完成。

材料／2人分

キャベツ…2枚
のり（全形）…1/2枚
白ごま…小さじ1
【調味料】
醤油…小さじ1
にんにくチューブ…1cm
砂糖…小さじ1/2
ごま油…小さじ1/2

所要時間 2分

ブロッコリーの山椒ちりめん和え

レンジでチンするだけで、本当に簡単に「もう一品」ができあがる。

1 調味料は混ぜておく。

2 ブロッコリーは小房に分けてラップをし、電子レンジ600Wで2分加熱する。

3 熱々のブロッコリーと、1、ちりめんじゃこを混ぜて完成。

材料／2人分

ブロッコリー…1/2株
ちりめんじゃこ…大さじ1
【調味料】
砂糖…小さじ1
醤油…小さじ1
酒…小さじ1
粉山椒…少々

所要時間 3分

3分でできる桜えびの温キャベツサラダ

所要時間はわずか3分。保存の利く桜えびの乾燥パックは常備決定！

1 調味料は混ぜておく。

2 キャベツは短冊切りにする。

3 キャベツ、桜えび、調味料を混ぜて耐熱の器に盛り付け、ラップをして電子レンジ600Wで2分加熱して完成。仕上げに、さらに桜えびと削り節をお好みでかけても可。

材料／2人分

キャベツ…3枚
桜えび…小さじ1～2
【調味料】
麺つゆ（2倍濃縮）
…小さじ2
塩こうじ…小さじ1
削り節…1/2パック

所要時間 3分

酢ハム和え

酢とハム、野菜を和えるだけ。3分で完成する超速お通し！

所要時間 3分

1 調味料は混ぜておく。

2 ハムときゅうりと大葉を千切りに、白滝は食べやすい長さに切る。

3 調味料、ハム、きゅうり、白滝を混ぜて、ラップをして電子レンジ600Wで30秒加熱し、大葉をのせて完成。

材料／2人分
ハム…2枚
きゅうり…1本
白滝…1/4パック
大葉…2枚

【調味料】
酢…大さじ1/2
中濃ソース…大さじ1/2
醤油…小さじ1

コラム④

この調味料、常備してます！ その1

マルコメ　プラス糀 生塩糀（200gで180円くらい）

塩こうじってなんとなく取っつきにくいイメージ。でもこんなに便利なものがあるんです。どこのスーパーにもあります。使う時にピュッと出すだけだから超簡単で便利です。

S&B赤缶カレー粉（84gで518円）

スパイスとして使うカレー粉です。簡単にカレー味にすることができ、余分なものも入っていないので、油っぽさもゼロ。とても便利です。このレシピのタンドリーチキンとも好相性。とっても長持ちしますよ！

トップバリュ北海道日高産だし昆布カットタイプ（70gで400円くらい）

煮物、汁物などに1枚入れるだけで旨みが一気にアップします。カットタイプなので、ポンッと入れるだけの手軽さ。戻さなくても大丈夫です。みそ汁も肉じゃがも絶品に仕上がります。

その7

時短、簡単がやっぱりうれしい

頼れるレンチンレシピ

電子レンジは温めるためだけのものではありません。炒める、茹でる、揚げるの代わりになる、レンチンの新しい使い方をご提案します！

ピザポテト

野菜を切ってレンチンするだけ。
最速3分でできる快速レシピ！

所要時間 3分

1 ピーマンは5ミリ角に、じゃがいもは縦長に薄く切る。

2 じゃがいもの上にケチャップを塗る。

3 チーズとコーン、ピーマンをのせて、電子レンジ600Wで2分加熱して完成。

材料／2人分

ピーマン…1/2個
じゃがいも…1/ 2個
ケチャップ…大さじ2
ピザ用スライスチーズ…1枚
ホールコーン…大さじ2

ホックホクじゃがいも田楽

あと一品ほしい日のお助けレシピ。
みその香りがホクホクのじゃがいもに合う！

所要時間 5分

1
じゃがいもを縦長に薄く切る。耐熱の皿にのせてラップをして、電子レンジ600Wで1分加熱する。

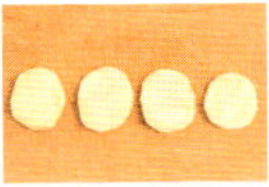

2
白みそに砂糖を混ぜておく。

3
1に2を塗って、オーブントースターで3～5分加熱して完成。

材料／2人分

じゃがいも…1/２個
白みそ…大さじ1
砂糖…小さじ1

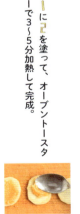

即席ザワークラウト

ドイツ料理の定番をお手軽アレンジ。
程よい酸味と黒こしょうのアクセントが美味い！

1 調味料は混ぜておく。

2 キャベツは短冊切り、きゅうりは縦半分に切ってから斜めにスライス、玉ねぎはスライスする。

3 2と1を耐熱の皿に入れ、ラップをして電子レンジ600Wで2分加熱して、よくかき混ぜたら完成。

材料／2人分
キャベツ…1/8個
きゅうり…1/2本
玉ねぎ…1/4個
黒こしょう…少々

【調味料】
酢…50㎖
顆粒コンソメ…小さじ2

所要時間 3分

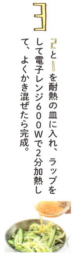

タルタルポテサラ

フライにかけるだけじゃもったいない！
タルタルソースは食べて楽しめ！

1
玉ねぎはスライス、人参はいちょう切りにして、ラップをして電子レンジ600Wで2分加熱する。ハムは短冊切りにする。

2
じゃがいもは乱切りにしてラップをして電子レンジ600Wで2分加熱してフォークで潰す。

3
野菜と茹で卵、ハム、マヨネーズをよく混ぜて完成。

所要時間
8分

材料／2人分
- 玉ねぎ…1/２個
- 人参…1/２本
- ハム…１枚
- じゃがいも…２個
- 茹で卵…１個
- マヨネーズ…大さじ３

コラム⑤

この調味料、常備してます！ その2

冷凍明治バター（450gで900円くらい）

料理にコクを生み出すバター。おすすめはブロックタイプ。マーガリンとそんなに価格差もなく、健康面を考える上でもバターがおすすめ。冷凍庫に入れると長持ちするんです。

セブンプレミアム　オイスターソース（120gで170円くらい）

小さなペットボトル素材のものが便利です。中華系や炒め物の時に、小さじ1杯入れるだけでコクが出て美味しくなるんです。場所もとらないので、ご家庭に1本あるといいですね。本格的な味です。ぜひ！

カルディのメガシェフ　ナンプラー（200㎖で220円くらい）

ナンプラーの臭いは好みが分かれるところですが、正しい使い方は小さじ1～大さじ1程度のごく少量を隠し味として使うこと。さらにフライパンで炒めると、臭みが消えて、香ばしい味に！

その8

確実に作れる！　確実に美味い！

簡単だけどおしゃれなスイーツ

簡単で、見た目もおしゃれで、しかも美味しいスイーツレシピ。焼き菓子はすべてプレゼントで持っていけるものにしてあります！

アールグレイメロンパン

セイロンやカモミールより、すっきり感がある。そしてなんだか名前がおしゃれなアールグレイ！

1
ボウルにバター（電子レンジで溶かしておく）、薄力粉、砂糖、卵、アールグレイ茶葉を混ぜ、生地を作る。

2
1を4等分して薄い円形に整える。オーブンは180℃に予熱する。

3
ロールパンの上に2をかぶせ、ゴムベラで格子状に模様をつける。グラニュー糖をふってオーブン180℃で焦げ目がつくくらい（約10分）焼いて完成。

材料／2人分

バター（有塩）…25g
薄力粉…75g
砂糖…25g
卵…1個
アールグレイ茶葉…少々
ロールパン…4個
グラニュー糖…適量

所要時間 12分

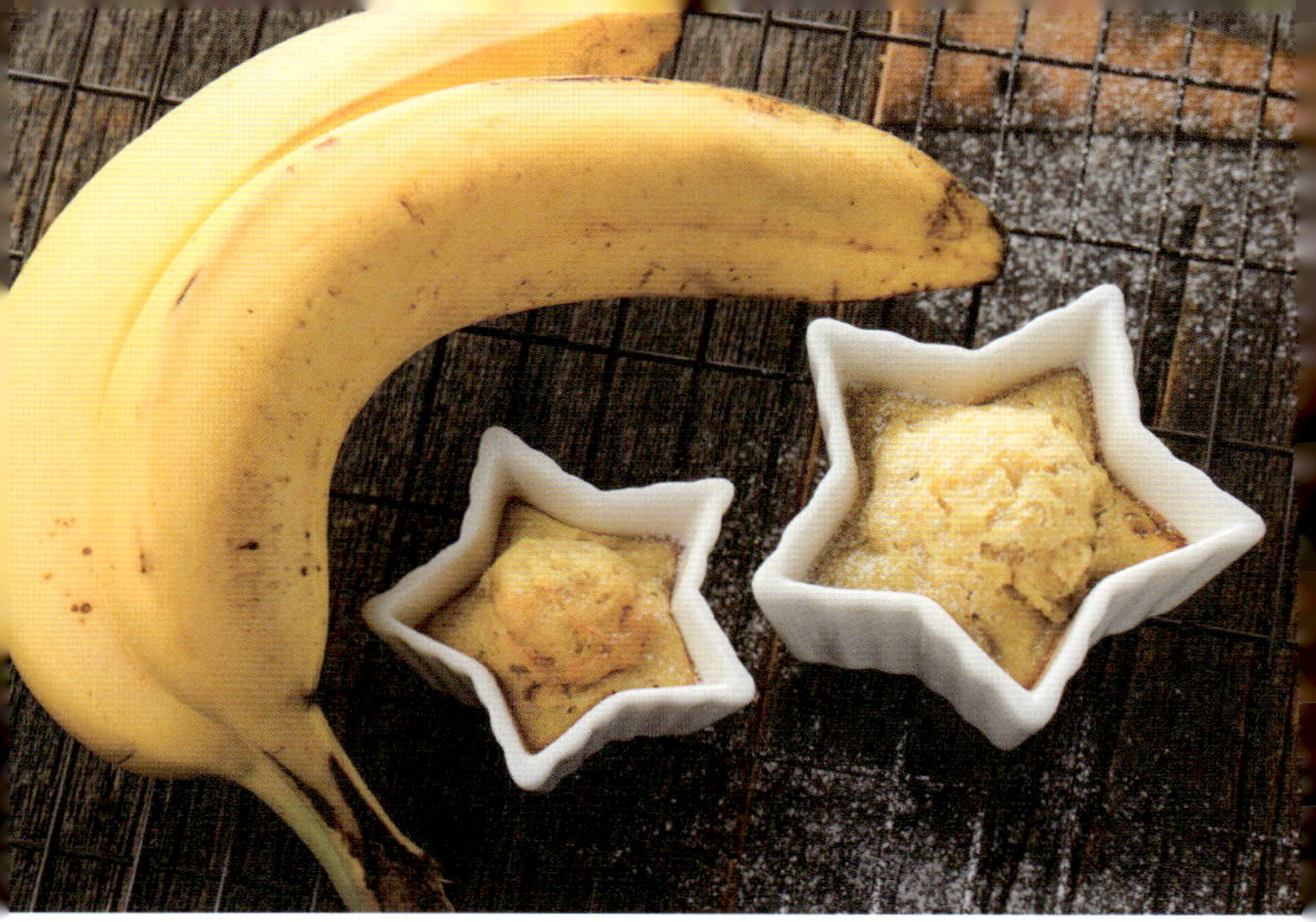

バナナ蒸しパン

子どもと一緒に手作りできるくらい簡単。もう買わなくたって大丈夫です。

1
バナナは皮をむいてからフォークで潰す。

2
ボウルに全ての材料を混ぜ合わせる。オーブンを160℃に予熱する。

3
生地を型に入れ、天板に水を入れて型をのせ、オーブン160℃で20分焼いて完成。

所要時間 25分

材料／2人分
- バナナ…20g
- 牛乳…20㎖
- サラダ油…10㎖
- 薄力粉…40g
- 砂糖…10g
- ベーキングパウダー…3g
- 卵…1個

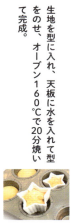

おとうふマフィン

言われなければ気づかないけれど
コクとしっとり感の秘密は豆腐にあり!

1
豆腐は軽く水気を切っておく。りんごは角切りにする。

2
バターは電子レンジで溶かす。ボウルに豆腐を入れてしっかりと潰し、全ての材料を混ぜ合わせる。オーブンを200℃に予熱する。

3
2をお好みのマフィンの型に入れる。オーブン200℃で15分焼いて完成。

材料/2人分
- 絹ごし豆腐…40g
- りんご…1切れ
- バター(有塩)…50g
- 薄力粉…60g
- ベーキングパウダー…2g
- 砂糖…50g
- 卵…1個

所要時間 30分

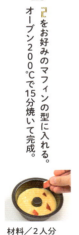

雪玉クッキー

前ページに続き、豆腐活用のスイーツ。絹ごし豆腐の水分を活用します。

所要時間 20分

※寝かせる時間は含まない

1 バターを電子レンジで溶かし、粉砂糖以外の全ての材料を混ぜ合わせる。

2 ラップをして冷蔵庫で20分寝かせたら、生地を小さく丸める。オーブンを220℃に予熱する。

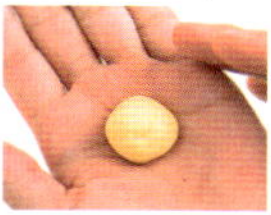

3 オーブン220℃で15分焼いて、仕上げに粉砂糖を全体にまぶして完成。

材料／2人分

- バター（有塩）…25g
- 絹ごし豆腐…40g
- 薄力粉…80g
- 砂糖…20g
- きな粉…5g
- 粉砂糖…少々

レモンシフォンケーキ

メレンゲがふわっふわでしっとり爽やか。
お店で売ってるレベルのケーキが作れます。

1
卵白をボウルに入れ、氷水入りのボウルで冷やしながら泡立て、グラニュー糖①を3回に分けて入れてメレンゲを作る。

2
別のボウルに卵黄、グラニュー糖②、サラダ油、バニラエッセンスを混ぜる。よく混ぜたら、熱湯とベーキングパウダーを入れて混ぜる。オーブンを180℃に予熱する。

3
1と2を混ぜ合わせ、口径18センチのシフォン型に入れる。オーブン180℃で30分焼く。食べる直前にレモン汁をかけて完成。

材料／2人分
- 卵白…4個分
- グラニュー糖①…50g
- 卵黄…1個分
- グラニュー糖②…80g
- サラダ油…大さじ2
- バニラエッセンス…5滴
- 熱湯…50㎖
- 薄力粉…70g
- ベーキングパウダー…小さじ1/2
- レモン汁…8滴

所要時間 40分

お豆プラリーヌ

フランスの家庭菓子。本来ナッツで作るけど節分の炒り大豆で作るとより美味しさアップ。

所要時間 3分

1 鍋に砂糖と水を入れて沸騰させる。

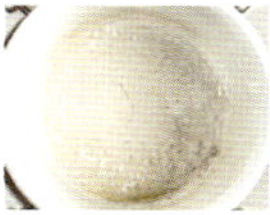

2 炒り大豆を入れて汁気がなくなるまで炒める。

3 砂糖が結晶化してコーティングされたら、火から外し、粉砂糖をふって完成。

材料／2人分

砂糖…大さじ1
水…大さじ2
炒り大豆…25g
粉砂糖…少々

メロぽん

メロンとデコポン。ミキサーで混ぜるだけで新しい味覚に出会えます。

1 デコポンは身をほぐしておく。

2 1とメロンの果肉と砂糖をミキサーにかける。

3 身がドロッとなるくらいで止める。余ったデコポンはトッピング用に。

材料／2人分
デコポン…1/2個
メロン…4切れ
砂糖…小さじ4

所要時間 3分

シュワシュワサワーポンチ

シュワシュワ！　フルーツとサイダーを混ぜるだけ！　一応レシピも載せますが。

所要時間 3分

1 旬の果物を準備する。

2 1を食べやすい大きさに切っておく。

3 フルーツミックスと2を器に盛り、サイダーを注いで完成。

材料／2人分

旬の果物…適量
フルーツミックス缶…1缶
サイダー…1/ 2本

ナッツブーストチーズケーキ

ナッツをブースト（強化）、つまりはナッツが超たっぷりのチーズケーキ。

1
クリームチーズとバターを電子レンジ600Wで15秒加熱して柔らかくする。

2
1に卵白とグラニュー糖①を加えてよく（80回ほど）かき混ぜておく。オーブンを170℃に予熱する。

3
ナッツ以外の残りの材料をよく混ぜて、2を入れて混ぜたら型に入れ、ナッツをのせる。オーブン170℃で約13分焼いて完成。

材料／2人分

クリームチーズ…150g
バター（有塩）…20g
卵白…1個分
グラニュー糖①…30g
卵黄…1個分
グラニュー糖②…10g
コーンスターチ…5g
牛乳…75㎖
ベーキングパウダー…2g
炒りミックスナッツ…適量

所要時間 20分

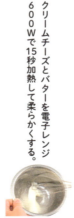

ミルクフレンチトースト

こちらもドラマ『Chef ～三ツ星の給食～』で登場した人気のレシピ。時短フレンチトースト！

所要時間 7分

1
鍋にミルクソースの材料を入れて加熱する。

2
1に3分ほど食パンを漬け込んでおく。

3
フライパンを熱し、オリーブオイルをひいてパンの両面に焦げ目がつくように焼く。メープルシロップをかけて食べる。

材料／2人分
食パン…2枚
オリーブオイル…大さじ1
メープルシロップ…大さじ1

【ミルクソース】
牛乳…200㎖
砂糖…大さじ2
バター（有塩）…15g
白ワイン…小さじ1/2
みりん…小さじ1/2

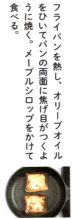

さつまいものほっと煮

たったこれだけでホッとする懐かしい味に！
毎日気軽に食物繊維が摂取できます。

1　さつまいもは皮付きのまま輪切りにする。

2　鍋に全ての材料を入れる。

3　クッキングシートかアルミホイルで落とし蓋をして、さつまいもに火が通るまで煮れば完成。

所要時間 3分

材料／2人分

さつまいも…中1/ 2本
メープルシロップ
…大さじ3
レモン汁…大さじ1
水…200㎖

その9

ご飯が進んで止まらない Theおかず

炭水化物ダイエット中の方は読まないでください。とにかくご飯がガシガシ進む、究極のご飯のためのおかずレシピたち、ぜひご賞味あれ！

酢豚ならぬ酢鶏

揚げ物苦手なあなたに朗報！
「酢豚は揚げずに焼く」がポイント。

1 鶏肉に薄力粉をまぶしておく。人参、ピーマンは乱切り、玉ねぎはくし形に切る。野菜を合わせてラップをし、電子レンジ600Wで2分加熱する。

2 フライパンにサラダ油をひいて、鶏肉を炒め、両面に焦げ目がついたら、1の野菜を入れる。

3 あらかじめ混ぜておいた調味料を入れて蓋をして、全ての食材に火が通れば完成。

材料／2人分
- 鶏こま切れ肉…6切れ
- 薄力粉…適量
- 人参…1/4本
- ピーマン…1個
- 玉ねぎ…1/4個
- サラダ油…大さじ1
- 【調味料】
- ケチャップ…大さじ2と小さじ1
- 醤油…大さじ1
- 酒…大さじ1
- 砂糖…小さじ1

所要時間 6分

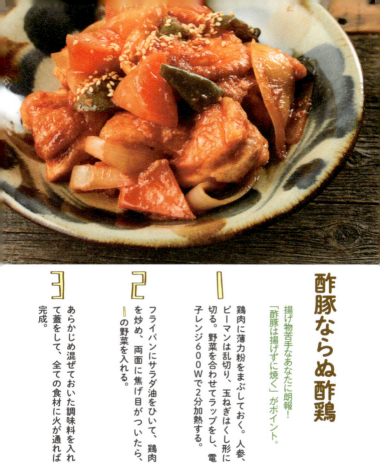

ご飯のお供、大葉みそ焼き

所要時間 2分

宮城県で親しまれるご飯のお供。
香ばしく焼けたみそでご飯もお酒も進む。

1 みそ、砂糖、白ごま、サラダ油を混ぜる。

2 大葉で包む。

3 アルミホイルにのせ、トースターで1〜2分ほど焼いて完成。

材料／2人分

みそ…小さじ1
砂糖…小さじ1
白ごま…小さじ1
サラダ油…大さじ1
大葉…2枚

中華風肉じゃが

材料と調味料を一緒に煮るだけなのに、いつもより美味しいかも?

1
じゃがいも、人参、ピーマンは乱切り、玉ねぎはくし形に切る。

2
鍋に全ての調味料と水を入れる。

3
1と牛肉を入れて中火で20分煮て完成。

材料/2人分
じゃがいも…1個
人参…1/2本
ピーマン…2個
玉ねぎ…1/2個
牛こま切れ肉…100g

【調味料】
砂糖…大さじ1
みりん…大さじ1
醤油…小さじ1
みそ…小さじ1
白ごま…小さじ1
オイスターソース…小さじ1
ごま油…小さじ1

水…100㎖

所要時間 22分

洋風肉じゃが

こちらも材料と調味料を一緒に煮るだけなのに、和風でも中華風でもない仕上がりに！

1
じゃがいも、人参は乱切り、玉ねぎはくし形切り、セロリは筋をとり食べやすい大きさ、ウインナーは食べやすい大きさに切る。

2
鍋に全ての調味料と水を入れる。

3
野菜とウインナー、鶏肉を入れて、中火で20分煮て完成。

材料／2人分
- じゃがいも…1個
- 人参…1／2本
- 玉ねぎ…1／2個
- セロリ…1/2本
- ウインナー…2本
- 鶏こま切れ肉…50g

【調味料】
- 醤油…大さじ1
- 砂糖…大さじ1
- みりん…大さじ1
- 酒…大さじ1
- 水…100㎖

所要時間 22分

野菜が好きになるベーコンラタトゥイユ

野菜が一気に好きになる!
苦手意識もこのレシピで克服できる。

1
ベーコンを食べやすい大きさに切る。なす、ズッキーニ、玉ねぎは乱切りにする。

2
1を電子レンジ600Wで1分加熱したら、ベーコンを鍋に移し、炒める。火が通ったら残りの全ての材料を入れる。

3
中火で20分煮込んで完成。

所要時間 23分

材料／2人分

- ブロックベーコン…40g
- なす…1本
- ズッキーニ…1/2本
- 玉ねぎ…1/4個
- 鶏こま切れ肉…2切れ
- オリーブオイル…大さじ2
- ホールトマト缶…1/2缶（200g）
- にんにくチューブ…2cm
- ケチャップ…大さじ2
- 塩こうじ…大さじ1と小さじ2

ポテトのカレーそぼろ

おかずにも、ご飯にかけても抜群に美味しい。ホッとするこの味は手作りならでは。

1
じゃがいもは乱切り、ピーマンは細切り、玉ねぎはくし形切り、カニカマはほぐしておく。

2
混ぜた調味料と水溶き片栗粉を準備しておく。

3
鍋を熱し、サラダ油をひいたら豚ひき肉と玉ねぎを炒める。火が通ったら、残りの野菜とカニカマ、水、調味料を加えて15分煮込み、仕上げに2の水溶き片栗粉でとろみをつけて完成。

材料／2人分

じゃがいも…1個
ピーマン…1／2個
玉ねぎ…1／2個
カニカマ…2本
サラダ油…小さじ1
豚ひき肉…100g
水溶き片栗粉…適量
水…250㎖
【調味料】
醤油…大さじ2
砂糖…小さじ2
カレー粉…小さじ2
みりん…小さじ1

所要時間 20分

カブコーロー～回鍋肉《ホイコオロウ》風

キャベツとはまた違った甘みが魅力。
かぶが主役のトロッとカブコーロー。

1 かぶは皮をむいて4等分にカット、かぶの葉はざく切りに、キャベツは短冊切りにする。

2 調味料は混ぜておく。

3 フライパンにサラダ油をひいて野菜と豚肉を炒め、2で味付けして完成。

材料／2人分

かぶ…1個
かぶの葉…少々
キャベツ…2枚
サラダ油…大さじ1
豚こま切れ肉…200g

【調味料】
オイスターソース…大さじ2
酒…大さじ1
砂糖…小さじ1
醤油…小さじ1
みそ…小さじ1
生姜チューブ…1cm

所要時間 8分

スタミナ納豆

新潟県の学校給食の人気レシピ。
この美味しさは全国に広めるべき！

1
フライパンを熱し、ごま油で鶏ひき肉を炒める。

2
鶏ひき肉に火が通ったら調味料と納豆を加える。

3
仕上げにサッと炒めて完成。器に盛って小口切りにした小ねぎをちらす。

材料／2人分

ごま油…小さじ1
鶏ひき肉…100g
ひきわり納豆…2パック
小ねぎ…少々

【調味料】
醤油…小さじ2
砂糖…小さじ1
にんにくチューブ…1cm
生姜チューブ…1cm
青ネギ…少々

タバスコ…少々

所要時間 5分

鶏肉のBBQソース

バーベキューソースで焼くだけ。
りんごと玉ねぎが強力バックアップ!

1
りんごと玉ねぎはすりおろしておく。

2
調味料とりんごと玉ねぎは混ぜておく。半分に切った鶏肉の身の方に塩こうじを塗り込み、フライパンを熱し、サラダ油をひいて中火で皮目を8分焼く。

3
鶏肉に火が通ってきたら裏返し、調味料と、りんごと玉ねぎを混ぜたものを入れて、再度火を通して完成。

所要時間 10分

材料／2人分
- 鶏もも肉…1枚
- 塩こうじ…小さじ1
- りんご…1/8個
- 玉ねぎ…1/8個
- サラダ油…大さじ1

【調味料】
- 醤油…大さじ1と小さじ2
- 酒…　大さじ1
- みりん…大さじ1

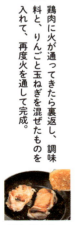

決定版 ピーマンの肉詰め

人気レシピを松丸流に簡単アレンジ。
玉ねぎをレンチンすることが時短の秘訣。

1
ピーマンを縦半分に切って、内側に薄力粉をまぶす。玉ねぎをみじん切りにして電子レンジ600Wで3〜4分加熱する。

2
ボウルに玉ねぎ、卵黄、豚ひき肉、にんにく、パン粉をよく混ぜてピーマンに詰める。

3
フライパンで焼きながら、水を入れて蓋をし、3分蒸し焼きにする。混ぜたソースをかけてサッと炒め合わせて完成。

材料／2人分

ピーマン…5個
薄力粉…大さじ1
玉ねぎ…1/4個
卵黄…1個分
豚ひき肉…50g
にんにくチューブ…1cm
パン粉…20g
水…50mℓ
【ソース】
ケチャップ…大さじ1
水…大さじ1
中濃ソース…大さじ1

所要時間 8分

松風焼き

和風みそバーグ、これが実は給食の定番。
表面にごまをふり、焦げ目がつくように焼きます。

1
ねぎはみじん切りにして、ごま以外の全ての材料を混ぜ合わせる。

2
平たく成形する。

3
魚焼きグリルかフライパンで焦げ目がつくまで中火で7分焼けば完成。中心まで火が通っていない場合は電子レンジ600Wで1分加熱する。お好みで黒ごまをふる。

材料／2人分

ねぎ…1/4本
豚ひき肉…180g
砂糖…小さじ1
みそ…20g
卵…1個
パン粉…20g
酒…小さじ1
白ごま…少々

所要時間 10分

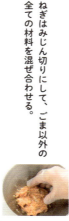

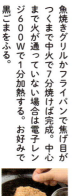

お月見カレーポトフ

カレー味は給食の鉄板メニュー。
卵を落として、野菜もとれて大満足。

1

ウインナーは斜めに切る。ベーコンは短冊切り、人参はいちょう切り、じゃがいもは乱切り、キャベツは短冊切り、大根は厚めのいちょう切りにする。

2

鍋に1と水、調味料を入れて、中火で10分煮込む。

3

火が通ったら卵を落として蓋をして、白身が固まれば完成。

材料／2人分

ウインナー…4本
ベーコン…4枚
人参…1/4本
じゃがいも…1個
キャベツ…1枚
大根…2cm
水…500㎖
卵…2個
【調味料】
カレー粉…小さじ2
顆粒コンソメ…小さじ2
砂糖…小さじ1
醤油…小さじ1
塩…少々

所要時間
12分

ボイキャベ～ワインでしんなり

考え抜いた味付けと材料がポイント。
キャベツよ、君はなんて美味しいんだ。

1
キャベツは食べやすい大きさに切っておく。キャベツ以外の調味料とチーズはボウルに混ぜておく。

2
フライパンに全ての材料を入れる。

3
蓋をして中火で5分加熱して、キャベツに火が入りしんなりとしたら完成。

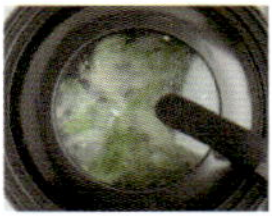

材料／2人分
キャベツ…3枚
白ワイン…大さじ1
クリームチーズ…大さじ1
白すりごま…小さじ1
塩こうじ…小さじ1

所要時間
6分

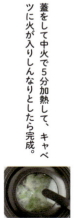

その10

ホクホク！　パリパリ！　やっぱり簡単！

トースターを使った熱々メニュー

パンを焼くだけだともったいない。失敗することなく確実に焼けて、フライパンを洗う必要もなし。簡単トースター料理をマスターしよう。

とろけるスパナコピタ

名前からして美味しそう！
ギリシャ料理の定番は簡単に作れる。

所要時間 10分

1
ざく切りにしたほうれん草と短冊切りにしたベーコンを1～2分下茹でする。

2
半分にカットして正方形にした冷凍パイシートを広げ、下茹でしたほうれん草、ベーコン、チーズをのせて斜め半分に折る。

3
パイシートを重ねた2辺をフォークの背で押さえ、オーブントースターで約10分焼いて完成。

材料／2人分
冷凍パイシート…1枚
ほうれん草…1株
ベーコン…1枚
ピザ用スライスチーズ…2枚

スイートポテトトースト

スイートポテトを塗って焼く、夢のようなトースト。食欲がない時、ご褒美、おやつにもピッタリです。

1
さつまいもは皮をむいて2㎝くらいの角切りにする。鍋にたっぷりの水を入れ、沸かして茹でる。茹であがったら、鍋から湯を捨てて、鍋に残ったさつまいもが熱いうちに、バターを加えて、マッシャーでつぶしながらよく混ぜる。

2
さらに砂糖、牛乳、バニラエッセンスを加えて混ぜ、食パンに塗る。

3
表面に溶いた卵黄を塗り、トースターで焦げ目がつくまで焼いて完成。

所要時間 12分

材料／2人分

食パン（6枚切り）…4枚
さつまいも…400g
バター（有塩）…大さじ1
砂糖…大さじ2
牛乳…小さじ4
バニラエッセンス…適量
卵黄…1個分

ガーリックバゲット

超絶簡単、にんにくチューブを塗るだけ。
バゲットをパリッと焼けばできあがり！

1 バターを電子レンジで加熱して溶かして、にんにくとパセリを混ぜておく。

2 バゲットは斜めに切っておく。

3 1を2に塗って、オーブントースターで1～2分焼いて完成。

材料／2人分

バゲット…4枚
バター（有塩）…大さじ1
にんにくチューブ…2cm
パセリのみじん切り
…少々

所要時間
4分

バニラトースト

バニラエッセンスをかけるだけで、ただのトーストが「ホテルの味」に生まれ変わります。

1
食パンに格子状に切れ目を入れる。

2
バターを電子レンジで加熱して溶かし、バニラエッセンスと砂糖を加えて混ぜる。

3
2を食パンに塗り、オーブントースターで焦げ目がつくまで焼いて完成。

所要時間 4分

材料／2人分

食パン…2枚
バター（有塩）…大さじ4
バニラエッセンス…少々
砂糖…小さじ2

コラム⑥

カットトマトで栄養アップ

「栄養のためには、何を食べるといいですか?」

これ、私がよく聞かれる質問です。

栄養素はいろんなものをバランスよく摂取するのが基本ではあります。それでも、敢えて言うならば、野菜であればトマトをおすすめしています。

リコピンと呼ばれる栄養素がたっぷり。体の中の活性酸素の害から守ってくれます。生で食べるのもいいですが、カットトマトだとたくさん摂ることができます。

本書では、カットトマトパックを使っています。缶タイプよりもごみ捨てが楽で、手を切ったりする心配もありません。

私のおすすめは、デルモンテの「完熟カットトマト」。いろんな料理にアレンジして使っています。

その11

冷凍庫に常備しておけば百人力！

シーフードミックス徹底活用！

冷凍庫に常備したい代表格、シーフードミックス。安価で保存が利き、お肉の代わりにもなる超便利食材を使った簡単レシピをご紹介！

インペリアルソースフィッシュ

特売のサーモンだって生まれ変わる。
簡単フレンチソースの力をお試しあれ。

所要時間 8分

1
サーモンに白ワインをかけて下味をつけ、薄力粉をまぶす。フライパンにサラダ油をひいてしっかりと焼き上げる。

2
マッシュルームとセロリはスライスして、調味料、水、シーフードミックスと一緒に中火で3～4分煮る。

3
焼きたての1に2をかけて完成。

材料／2人分
- サーモン…2切れ
- 白ワイン…大さじ1
- 薄力粉…大さじ1
- サラダ油…大さじ1
- 水…25mℓ
- マッシュルーム…3個
- セロリ…20g
- 冷凍シーフードミックス…100g

【調味料】
- ケチャップ…大さじ1
- マヨネーズ…大さじ1
- 赤ワイン…小さじ2
- 塩…少々

シーフードマヨネーズ焼き

飲める、パンに合う、もちろんご飯にも合う！
シーフードミックスは冷凍庫に常備しよう。

所要時間 5分

1 調味料を準備しておく。

2 シーフードミックスは凍ったままの状態で。

3 フライパンを熱し、1と2を入れて、蓋をして中火でフライパンを揺すりながら4分加熱して完成。

材料／2人分
冷凍シーフードミックス
…150g
【調味料】
オリーブオイル
…大さじ2
マヨネーズ…大さじ1
酒…大さじ1
タバスコ…少々

クラムチャウダー

こちらもシーフードミックスで、海の幸の香りのするスープが完成。わずか5分でできます。

1
シーフードミックスは凍ったままの状態で可。

2
鍋に牛乳とシーフードミックスを入れて沸騰させて火を止める。

3
サラダ油で溶いた薄力粉を入れて再び加熱し、かき混ぜながら温度を上げてとろみをつける。顆粒コンソメを入れる。器に盛り付け、仕上げにクラッカーを添えて完成。

材料／2人分
牛乳…300㎖
冷凍シーフードミックス
…150g
サラダ油…大さじ1
薄力粉…大さじ1
顆粒コンソメ…小さじ1
クラッカー…2枚

所要時間
5分

シーフードアヒージョ

シーフードミックス第4弾！　相性抜群のにんにくを入れて旨みを引き出そう。

1 にんにくはスライス、ハムは食べやすい大きさに切り、パプリカは小さめの乱切り、ミニトマトは半分に切る。じゃがいもは皮付きのまま食べやすい大きさに切る。

2 フライパンに全ての材料を入れる。

3 蓋をして中火で5分加熱して完成。

材料／2人分
冷凍シーフードミックス
…150g
ハム…2枚
にんにく…1個
黄パプリカ…1/8個
ミニトマト…2個
じゃがいも…小2個
オリーブオイル
…1/2カップ
白ワイン…大さじ1
塩こしょう…少々

所要時間 7分

松丸奨（まつまるすすむ）

1983年千葉県生まれ。東京・文京区立金富小学校栄養士。2013年、実際に提供されている給食の美味しさなどを競う、全国学校給食甲子園（第8回・応募総数2266校）で優勝。日本テレビ系『世界一受けたい授業』をはじめメディア出演も多数。著書に、『子どもがすくすく育つ　日本一の給食レシピ』などがある。

日本一《にっぽんいち》の給食《きゅうしょく》メシ　栄養満点《えいようまんてん》3ステップ簡単《かんたん》レシピ100

2019年2月25日初版1刷発行

著　者 —— 松丸奨
発行者 —— 田邉浩司
装　幀 —— アラン・チャン
印刷所 —— 近代美術
製本所 —— ナショナル製本
発行所 —— 株式会社光文社
東京都文京区音羽1-16-6（〒112-8011）
https://www.kobunsha.com/
電　話 —— 編集部03(5395)8289　書籍販売部03(5395)8116
業務部03(5395)8125
メール —— sinsyo@kobunsha.com

 ISBN 978-4-334-04396-4

978

武器になる思想
知の退行に抗う

小林正弥

事実よりも分かりやすさが求められるポピュリズムの中で主体的に生きるには、判断の礎となる「思想」が不可欠だ。サンデル流・対話型講義を展開する学者と共に「知の在り方」を考える。

978-4-334-04384-1

979

残念な英語
間違うのは日本人だけじゃない

デイビッド・セイン

他の非英語圏の人たちも、実はネイティブだってミスをする。人気講師が世界中の「残念例」を紹介。言葉は手段、外国語だから間違って当然という姿勢で、どんどん話して身につけよう!

978-4-334-04385-8

980

残業学
明日からどう働くか、どう働いてもらうのか?

中原淳+パーソル総合研究所

一体なぜ、日本人は長時間労働をしているのか? 歴史、習慣、システム、働く人の思い——二万人を超える調査データを分析し、あらゆる角度から徹底的に残業の実態を解明。

978-4-334-04386-5

981

認知症の人の心の中はどうなっているのか?

佐藤眞一

日常会話によって認知症の人の心を知り、会話を増やすためのツール「CANDy」とは。認知症の人の孤独、プライド、喜び、苦しみ——最新の研究成果に基づくその心の読み解き方。

978-4-334-04387-2

982

恋愛制度、束縛の2500年史
古代ギリシャ・ローマから現代日本まで

鈴木隆美

西欧の恋愛制度が確立していく歴史を追うとともに、それが日本に輸入され、いかにガラパゴス化したのかを、気鋭のプルースト研究者が軽妙な筆致で綴る。

978-4-334-04388-9

983
ぶれない軸をつくる東洋思想の力
田口佳史　枝廣淳子

西洋中心主義の限界を乗り越え、愉快な人生を過ごす方法とは？　東洋思想の第一人者と環境ジャーナリストがタッグを組んだ、人生一〇〇年時代の新しい生き方の教科書。

978-4-334-04389-6

984
外国人に正しく伝えたい日本の礼儀作法
小笠原敬承斎

食事や公共の場、神社やお寺での作法とは。清潔さや勤勉さを重視する理由は。日本の文化やしきたり、日本人が大切にしている習慣や振る舞いについて、真の意味から説き起こし、学び直す。

978-4-334-04390-2

985
死にゆく人の心に寄りそう
医療と宗教の間のケア
玉置妙憂

死の間際、人の体と心はどう変わるのか？　自宅での看取りに必要なことは？　現役看護師の女性僧侶が語る、平穏で幸福な死を迎える方法と、残される家族に必要な心の準備。

978-4-334-04391-9

986
吃音の世界
菊池良和

言葉に詰まること＝悪いこと？　吃音症の人は一〇〇人に一人の割合で存在し、日本には約一二〇万人いると言われている。自ら吃音に悩んできた医師が綴る、自分と他者を受け入れるヒント。

978-4-334-04392-6

987
利益を生むサービス思考
世界一のメートル・ドテルが教える
宮崎辰

サービスは、おもてなしにあらず。サービスは「商品」であり、お店や企業の営業ツールであり、ブランドの源泉でもある。世界一に輝いた著者が、新時代のサービスを詳らかにする。

978-4-334-04393-3

988
その落語家、住所不定。
タンスはアマゾン、家のない生き方
立川こしら
立川志らく師匠推薦！　身一つで世界中の落語会を飛び回る、家さえ持たない究極のミニマリストである著者が、自らの生き方哲学と実践を初めて明かす。
978-4-334-04394-0

989
宇宙はなぜブラックホールを造ったのか
谷口義明
ほぼすべての銀河の中心には、超大質量ブラックホールがある。それは、いつ生まれ、どのように育ち、どのような運命を辿るのか――。現代天文学が描く、宇宙の過去・現在・未来。
978-4-334-04395-7

990
日本一の給食メシ
栄養満点3ステップ簡単レシピ100
松丸奨
今日から自炊が楽になる！　楽しくなる！　作りやすさを重視した3ステップの工程で、徹底的に時短を追求。給食日本一の小学校栄養士が考えた、今日から使える100のレシピ。
978-4-334-04396-4

991
プログラミング教育はいらない
GAFAで求められる力とは？
岡嶋裕史
ジョブズ、ザッカーバーグ、ペイジ、ベゾスを教育で生み出せるのか？　2020年、プログラミング教育必修化に向けて問う。キモは、プログラミングではなく「プログラミング的思考」。
978-4-334-04397-1

992
子どもが増えた！
明石市　人口増・税収増の自治体経営《まちづくり》
湯浅誠　泉房穂
藻谷浩介　村木厚子
藤山浩　清原慶子
北川正恭　さかなクン
普通の地方都市で人口、税収ともに増え続けているのは、「誰も排除しない」支援策が要因だ。どこでもできる「やさしい社会」のつくり方を、現市長、社会活動家が論客とともに示す。
978-4-334-04398-8